cuaderno de

Lettering

para

pintar

y

COLOREAR

LIBRO DE COLOREAR PARA ADULTOS

© Ediciones Rodeno, 2024

C/ Cruz roja, 11

46400 Cullera (Valencia)

www.edicionesrodeno.com

ISBN: 978-84-128021-0-8

Impreso en España / Printed in Spain

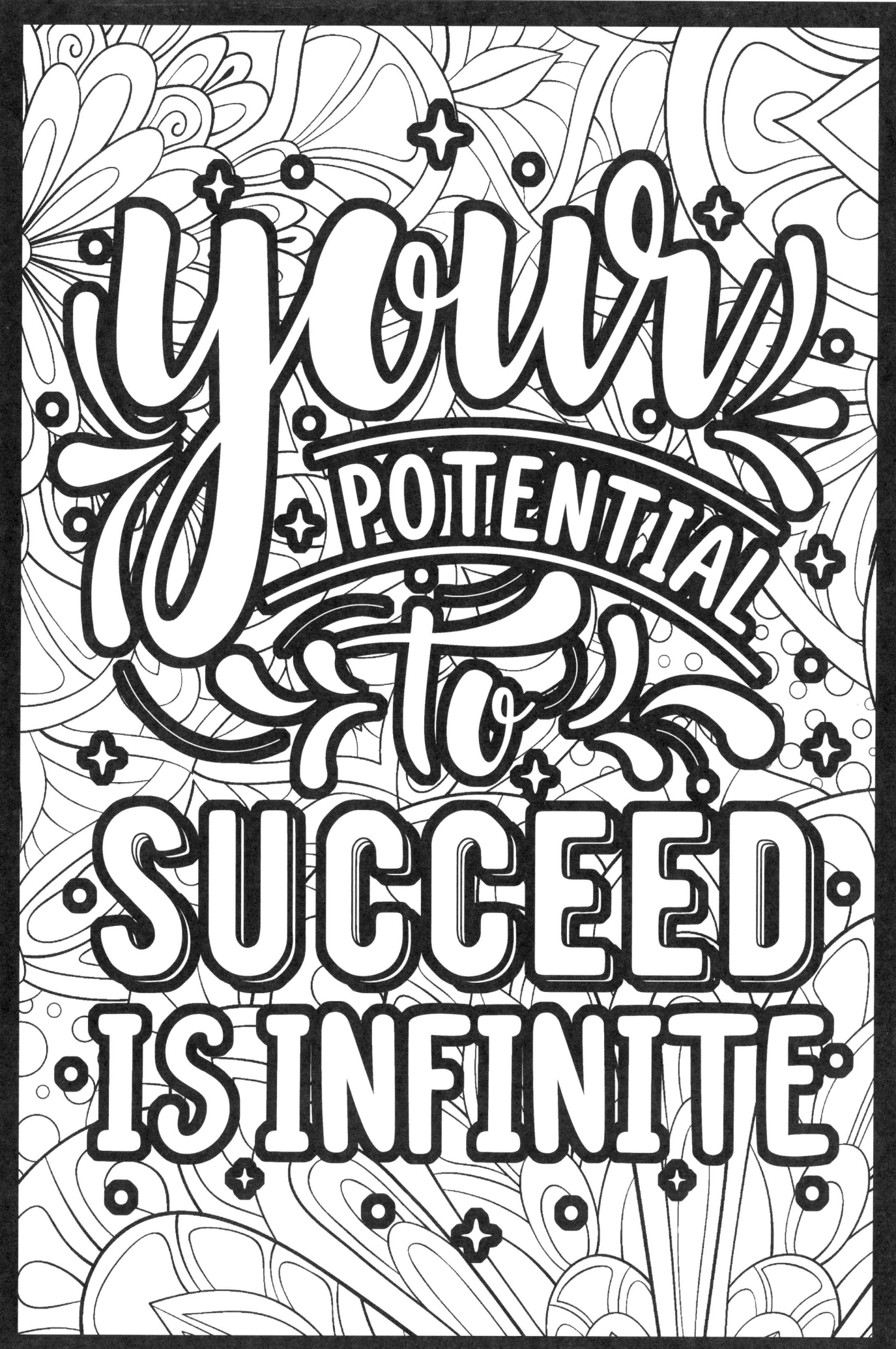

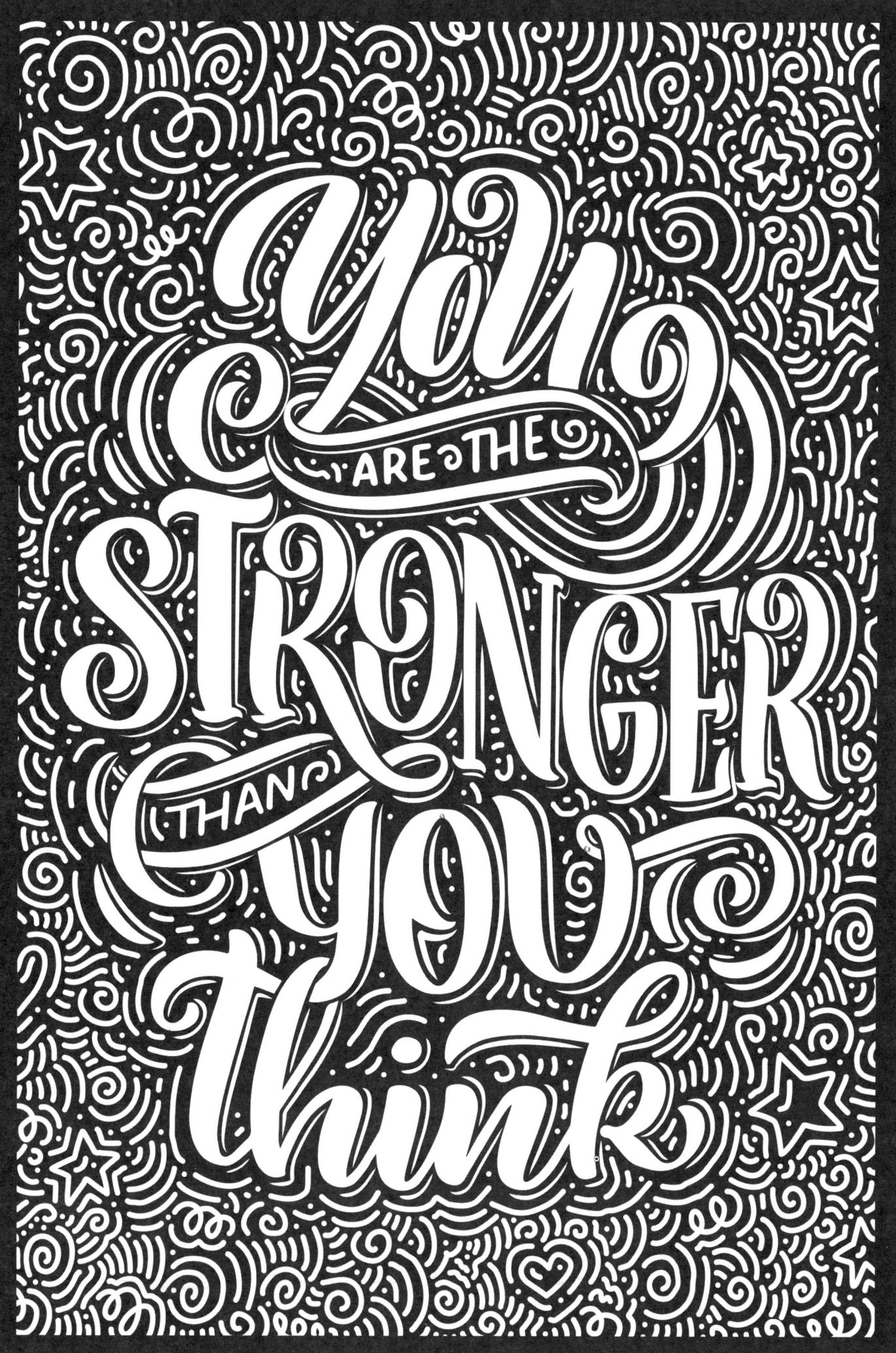

mejor está por venir

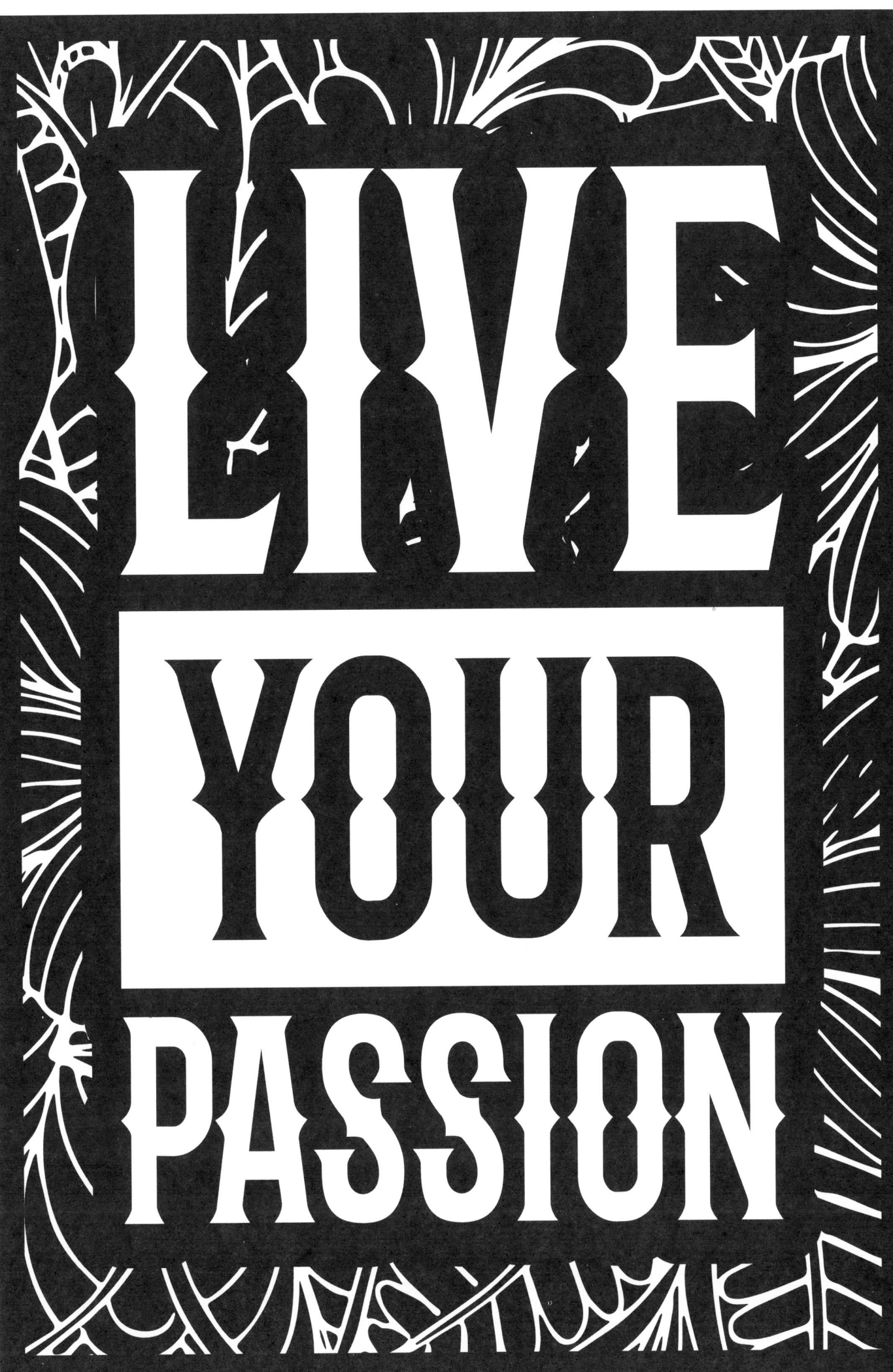

PIENSA Sueña CREE y Sé feliz